FRAGMENTS
COMPÔSÉS DES ACTES
DE L'ITALIE
ET DE LA TURQUIE,
DE L'EUROPE GALANTE;
ET DE ZÉLINDOR,
ROI DES SILPHES,
REPRÉSENTÉS,
PAR L'ACADEMIE-ROYALE
DE MUSIQUE,
Le Mardi 17 Juin 1766.

PRIX XXX. SOLS.

AUX DÉPENS DE L'ACADÉMIE.
A PARIS, Chés DE LORMEL, Imprimeur de ladite Académie, rue du Foin, à l'Image Sainte Genevieve.

On trouvera des Livres de Paroles à la Salle de l'Opera.

M. DCC. LXVI.
AVEC APPROBATION ET PRIVILEGE DU ROI.

Les Poemes des deux premiers Actes font de
LAMOTHE.

La Mufique des deux mêmes Actes est de
CAMPRA.

L'ITALIE.

PREMIERE ENTRÉE.

ACTEURS CHANTANTS
DANS LES CHŒURS.

Côté du Roi.		Côté de la Reine.	
Mesdemoiselles.	*Messieurs.*	*Mesdemoiselles.*	*Messieurs.*
Durand.	Chicot.	D'alliere.	L'écuyer.
Guillaume.	Vaudemont.	Salaville.	Albert.
La Croix.	Héri.	D'agée.	Tourcati.
Delor.	Cailteau.	Adélaïde.	Bourdon.
Beauvais.	Lecoutre.	Duprat.	Lagier.
Barrage.	Rose.	Lebourgeois.	Feret.
Thévenot.	Robin.		Du Perrier.
Delaistre.	Antheaume.	Rosalie.	Boi.
Héri.	Méon.	Jouette.	Laurent.
Defontebles.	Botson.	Desrosieres.	Cavallier.

L'ITALIE.

ACTEURS.

OCTAVIO, *Seigneur Vénitien*, M. Pillot.
OLIMPIA, *Vénitienne*, Mlle. Duranci.
UNE VÉNITIENNE, Mlle. Dupont.

PERSONNAGES DANSANTS
DANS LE BAL.
UN FRANÇOIS.

M. Vestris.

MASQUES GALANTS.

M^{rs}. Trupti, Henri, Lani, 2., Lani, 3.
Mlles. l'Huillier, Boufcarelle, Perfeval, David, c.

POLONOIS & POLONOISES.

M. Lionnois, Mlle. Lionnois.

M^{rs}. Lieffe, Leroi, Giguet, Langlois.
M^{les}. Lavau, Ledoux, Ifoire, Dupin.

ESPAGNOLS & ESPAGNOLETTES.

M^{rs}. Doffion, Defpréaux, Gardel, c., Aubri.
Mlles. Darci, Riviere, Larie, Duthé.

PREMIERE ENTRÉE.

L'ITALIE.

Le Théâtre représente une Salle, préparée pour un Bal.

SCÊNE PREMIERE.

OCTAVIO, OLIMPIA.

OCTAVIO.

NE verrai-je jamais le jour
Où je serai content de l'ardeur de votre âme ?
Ingrate, vous brûlés d'une trop foible flâme ;
Vous offensés & l'amant & l'amour.

Ne verrai-je jamais le jour
Où je serai content de l'ardeur de votre âme ?

OLIMPIA.

De quel reproche encor venés-vous m'allarmer ?
Vos foupçons plus long-tems ne peuvent fe con-
 traindre ;
Que fert, ingrat, de vous aimer ?
Vous ne ceffés point de vous plaindre.

OCTAVIO.

Je ne me plaindrois pas,
Si vous m'aimiés, comme il faut que l'on aime ;
A fuivre fans-cèffe vos pas,
Je trouve une douceur extrême :
Tous les autres plaifirs font pour moi fans appas ;
Du bonheur de vous voir je fais mon bien fuprême.
Hélas ! fi vous m'aimiés de même,
Je ne me plaindrois pas.

Mais que vous êtes loin de l'ardeur qui m'enflâme !
Mon bonheur ne fait pas le plus doux de vos foins;
Et de tous les plaifirs que peut goûter votre âme,
Mon amour eft celui qui la touche le moins.

OLIMPIA.

Je connois ce qui vous irrite :
Vous fouffrés à regret que je vienne en ces lieux ;
Et lefpectacle où l'on m'invite,
Offenfe peut-être vos yeux ?

OCTAVIO.

PREMIERE ENTRÉE.
OCTAVIO.

C'est le sujet de mes justes allarmes :
Vous reconnoissés mal ma foi ;
Je renonce à tout, pour vos charmes,
Et vous ne quittés rien pour moi.

OLIMPIA.

Sortés de l'amoureux empire,
Ou devenés plus tranquille en aimant ;
Un cœur qui s'allarme aisément,
N'est point heureux quand il soûpire :
Pour moi, l'amour est un plaisir charmant ;
Pour vous, c'est un martire.

OCTAVIO.

Ah ! ne murmurés point de mes transports jaloux.
L'excès de mon amour fait celui de mes craintes ;
Tout ce qui s'approche de vous
Porte à mon cœur de sensibles atteintes.

Que ne sommes-nous seuls en des lieux retirés !
Je cesserois peut-être de me plaindre ;
Plus vos appas y seroient ignorés,
Moins j'aurois de rivaux à craindre.

On vient. Songés du-moins que je suis près de vous,
Et ménagés un cœur jaloux.

B

SCÊNE II.

OCTAVIO, OLIMPIA; Masques galants &
de différens caracteres, qui entrent sur une marche.

CHŒUR DE MASQUES.

TEndres amants, rassemblés-vous.
Pour les cœurs que l'Amour enchaîne,
Quel séjour peut être plus doux?
S'il se trouve ici des jaloux,
  L'Amour ne les amene
  Que pour les tromper tous.

On danse.

OLIMPIA,
alternativement avec le Chœur.

Formons d'aimables jeux, laissons-nous enflâmer;
Il n'est permis ici que de rire & d'aimer.

OLIMPIA.

Bannissons de ces lieux l'importune raison;
 Elle vaut moins qu'une aimable folie:
Un doux excès sied bien dans la jeune saison;
 Pour être heureux il faut qu'un cœur s'oublie.

CHŒUR.

Formons, &c.

PREMIERE ENTRÉE.
OLIMPIA.

Rendés-vous, jeunes cœurs, cédés à vos desirs;
 Tout vous inspire un tendre badinage :
Ne préférés jamais la sagesse aux plaisirs ;
 Il vaut bien mieux être heureux qu'être sage.

CHŒUR.

Formons, &c. *On danse.*

OLIMPIA, *seule & alternativement avec le Chœur.*

Livrons-nous aux plaisirs, il n'est rien de plus doux,
Pour qui feroient-ils faits, si ce n'étoit pour nous ?

OLIMPIA.

Mille Amours déguisés, dans ce charmant séjour,
 Comblent nos cœurs d'une douceur extrême ;
Si quelqu'un en ces lieux est entré sans amour,
 Ne craignons pas qu'il en sorte de même.

CHŒUR.

Livrons-nous, &c.

OLIMPIA.

L'Amour, jeunes beautés, accompagne vos pas :
 Pour tout soûmettre, il vous prête ses armes ;
C'est vainement qu'aux yeux vous cachés mille appas,
 A tous les cœurs il révele vos charmes.

CHŒUR.

Livrons-nous aux plaisirs, il n'est rien de plus doux ;
Pour qui seroient-ils faits, si ce n'étoit pour nous ?

(*On danse.*)

UNE VÉNITIENNE.

Que les plaisirs & les fêtes
Les ris, les jeux & les concerts,
Les amoureuses conquêtes
Regnent par tout l'univers.

Au tendre Amour rendons les armes,
Sans crainte, goûtons ses attraits :
Dans tous les cœurs, qu'il blesse de ses traits,
Sa flâme répand des charmes :
Nos jours heureux sont dûs à ses bienfaits.

Que les plaisirs, &c.

(*Un divertissement général termine la fête, à la fin de laquelle les Masques se retirent.*)

SCÈNE III.
OLIMPIA, *seule*.

Qu'est devenu le jaloux qui m'obsede ?
Ciel ! quel est le sujet de son éloignement ?
Auroit-il reconnu l'ardeur qui me possede ?
Mes regards n'ont-ils pas découvert mon amant ?
Peut-être de nos yeux la douce intelligence,
  N'a pu garder le secret de nos cœurs ;
Ces indiscrets témoins de nos tendres langueurs,
  Ont enfin rompu le silence.
Que je crains !...

SCÈNE IV.
OCTAVIO, OLIMPIA.
(OCTAVIO *rentre en remettant son poignard.*)
OLIMPIA.

Mais que vois-je ? o Ciel ! cruël, quelle rage vous guide ?
De quels affreux transports étincellent vos yeux !
OCTAVIO.
Gémis, pleure à ton tour, perfide !

Va, cours de ton amant recevoir les adieux;
Il expire près de ces lieux.

OLIMPIA, *en s'évanouissant.*

Ciel !

OCTAVIO.

Eh bien, malheureux ! en douterai-je encore ?
Sa douleur m'en dit plus que je n'en veux savoir;
Me voilà donc certain du feu qui la dévore !
Cependant je n'ai pu venger mon désespoir
Sur celui que son cœur adore.
En vain je l'ai suivi, ce trop heureux amant;
Fatale fête, nuit trop sombre,
C'est vous dont le tumulte & l'ombre
Ont dérobé ses jours à mon ressentiment !
(*à* OLIMPIA.)
Tu reprends tes esprits, cruëlle, à ce langage;
Je suis le seul qui souffre ici :

(*à part.*)

De tous ses mouvements je sens croître ma rage !
Je voulois lui surprendre un secret qui m'outrage;
Je n'ai que trop bien réussi.

OLIMPIA.

Vous voyés mon ardeur, il n'est plus tems de feindre,
Mon secret se découvre à vos soupçons jaloux :

PREMIERE ENTRÉE.

C'est à l'Amour qu'il faut vous plaindre ;
Je l'aurois écouté, s'il m'eût parlé pour vous.

OCTAVIO.

Quoi, perfide ! mes feux, le devoir, ma tendresse,
Mes pleurs n'ont pu vous attendrir ?
Ah ! je veux désormais réparer ma foiblesse,
Je mettrai tous mes soins à vous faire souffrir :
Puisque vous brûlés pour un autre,
Mon rival en perdra le jour ;
Ma fureur dans son sang éteindra son amour,
Et punira le vôtre.

OLIMPIA.

Cruël ! cessés de m'allarmer,
N'écoutés point une injuste colere ;
C'étoit à moi de vous aimer,
Mais c'étoit à vous de me plaire. (*Elle sort.*)

SCÈNE V.
OCTAVIO, *seul.*

Quel outrage !.. mon cœur ne peut le soûtenir.
Elle me laisse, elle rit de ma peine !
Dieux ! quand l'himen est prêt à nous unir,
La perfide à ses nœuds oppôse une autre chaîne !

Non, je ne peux lui pardonner;
Je me livre aux transports de ma fureur extrême:
Je suivrai les conseils qu'elle vient me donner:
Immolons mon rival, son amante & moi-même!..

Ne vaudroit-il pas mieux rompre un fatal lien?
Mais le puis-je, insensé! quel vain espoir me flate?
Sans l'objet de mes feux je n'espere plus rien;
C'est sa seule rigueur qu'il faut que je combatte.
Allons tomber encor aux genoux de l'ingrate,
Pour attendrir son cœur, ou pour percer le mien.

FIN DE LA PREMIERE ENTRÉE.

LA TURQUIE.

DEUXIEME ENTRÉE.

ACTEURS

ZAÏDE, *Sultane*,   M^{de}. L'Arrivée.
ROXANE, *Sultane*,   Mlle. Dubois.
ZULIMAN, *Sultan*,   M. L'Arrivée.
LE GRAND BOSTANGI,   M. Caſſaignade.

PERSONAGES DANSANTS

SULTANES.

Mlle. GUIMARD.

Mlles. GRANDI, GAUDOT, ADÉLAÏDE, LACROIX.
Mlles. Demiré, S^t. Martin, Mercier, Dauvilliers, Siane, David, 1, Lefevre, Rouſſelet.

BOSTANGIS.

M. LANI.

M^{rs}. LAVAL, DAUBERVAL.
M^{rs}. Trupti, Henri, Lani, 1, Grenier, Dubois, Lani, 2, Langlois, Aubri.

ICOGLANS.

M^{rs}. BEATE, MALTER.
M^{rs}. Cezeron, Doſſion, Bourgeois, Slingsbi.

DEUXIEME ENTRÉE.

LA TURQUIE.

Le Théâtre repréfente les Jardins du Sérail du Grand-Seigneur &, dans le fond, l'Appartement des Sultanes.

SCÈNE PREMIERE.

ZAÏDE, feule.

MES yeux, ne pourrés-vous jamais.
Forcer mon vainqueur à fe rendre ?
Faut-il avéc un cœur fi tendre,
Avoir de fi foibles attraits !

Mes yeux, ne pourrés-vous jamais, &c.

Au moment de mon esclavage,
Quand on me conduisit dans ce riche palais,
Il parut à mes yeux l'antre le plus sauvage,
Je le fis retentir de mes tristes regrèts.
    Je me fis une immage affreuse
    Du souverain que j'adore aujourd'hui ;
Mais sa présence enfin dissipa mon ennui ;
    Et je me trouvai trop heureuse
    D'être captive auprès de lui.

    Les beautés dont il est le maître,
Par son ordre bientôt s'assemblent dans ces lieux :
    Amour, Amour, fais-lui connoître
    Le cœur qui le mérite mieux !

Mais c'est lui que je vois ; gardons-nous de paroître :
Il n'est pas tems encor de m'offrir à ses yeux.

SCÈNE II.
ZULIMAN, ROXANE.

ROXANE.

Quoi! par d'autres appas votre âme est enflâmée?
Mes soupirs désormais vont être superflus!
  Ah, pourquoi m'avés-vous aimée?
  Ou pourquoi ne m'aimés-vous plus?

ZULIMAN.

  Je ne romprois pas notre chaîne,
  Si vous saviés m'y retenir.
  Mon cœur s'accorde sans peine,
  A qui sait mieux l'obtenir.

ROXANE.

Que votre inconstance est cruelle!
Hélas! vous m'ôtés votre cœur :

Et, malgré toute ma douleur,
Je n'ôfe vous traiter d'ingrat & d'infidele.

Je vois avec horreur méprifer mes appas,
Je fens les plus vives allarmes ;
Mais le refpect me force à murmurer tout bas,
Et me fait dévorer mes foûpirs & mes larmes.

ZULIMAN.

Vous méritrés un fort plus doux,
Et mon cœur à regret fe détache du vôtre ;
La pitié parle encor pour vous,
Mais l'amour parle pour une autre.

ROXANE.

C'en eft donc fait, Seigneur ; mes beaux jours font pâffés ?

ZULIMAN.

Je n'oublîrai jamais que vous me fûtes chere.

ROXANE.

Vous ne m'aimés plus, c'eft affés,
Tout le refte me défefpere :
Que ne puis-je oublier que je vous ai fu plaire !
Je ne fentirois pas que vous me trahiffés.

DEUXIEME ENTRÉE.

ZULIMAN.

On approche ; cessés une plainte trop vaine.
Celles qu'ici mon ordre amene,
Vont, par leurs jeux, répondre à mes desirs ;
Dissimulés votre peine,
Et respectés mes plaisirs.

ROXANE, à part.

Voyons du-moins l'objet de ses nouveaux soûpirs ;
Sachons à qui je dois ma haîne.

LA TURQUIE,

SCÈNE III.

ZULIMAN, ROXANE, ZAÏDE,
ET LES AUTRES SULTANES.

(*Les* SULTANES *forment plusieurs Danses pour plaire à* ZULIMAN.)

ZAÏDE, *alternativement avec le* CHŒUR.

Que l'Amour dans nos cœurs fasse naître
Mille ardeurs pour notre auguste Maître;
Que nos tendres soûpirs
Préviennent ses desirs.

LE CHŒUR.

Que l'Amour, &c.

ZAÏDE.

Dans ces lieux tout doit le satisfaire;
Pour ce charmant vainqueur laissons-nous enflâmer;
Attendons le bonheur de lui plaire,
En jouïssant toûjours du plaisir de l'aimer.

DEUXIEME ENTRÉE.
LE CHŒUR.

Dans ces lieux, &c.

ZULIMAN, à ZAÏDE.

Vous brillés feule en ces retraites,
Vous effacés tous les autres appas;
L'Amour ne se plaît qu'où vous êtes,
Il languit où vous n'êtes pas.

Mon cœur ne sent que trop le plaisir que vous faites!

ZAÏDE.

Quoi, Seigneur.!....

ZULIMAN.

C'est de vous que je me sens épris;
Depuis le jour que je vous vis,
Mon cœur, belle Zaïde, en secret vous adore.

ZAÏDE.

Hélas ! s'il étoit vrai, vous me l'auriés appris.

ZULIMAN.

Non, & c'est un secret que je tairois encore,
Si vos tendres regards ne me l'avoient surpris.

J'espérois affranchir mon âme
Du péril d'engager sa foi ;
Et je ne voulois pas me permettre une flâme
Qui prît trop d'empire sur moi.

J'ai long-tems différé de vous rendre les armes :
Pour éviter d'éternelles amours,
Des beautés de ces lieux j'empruntois le secours ;
Mais vous triomphés de leurs charmes,
Et je vous aime enfin, pour vous aimer toûjours.

ROXANE, *tirant son poignard, & voulant frapper*
ZAÏDE.

Ah ! c'en est trop, je cede à cet outrage,
Versons le sang que demande ma rage.

ZULIMAN, *lui arrachant le poignard.*

Ciel ! que vois-je ? quelle fureur !
Malheureuse, qu'ôses-tu faire ?

ROXANE.

Je voulois la punir d'avoir trop su te plaire,
Et de m'avoir ravi ton cœur.

Le défefpoir dont je fuis animée,
    S'enflâme encor par tes difcours ;
Tu lui jures, cruël, les plus tendres amours,
Tu l'aimes cent fois plus que tu ne m'as aimée !

Quand tu formas les nœuds, que tu roms, pour jamais,
J'éprouvai ta fierté, jufques dans ta tendreffe ;
    Hélas ! c'eft avec d'autres traits
    Que l'amour aujourd'hui te bleffe :
    Devant fes yeux ton orgueil cèffe :
    J'ai voulu venger mes attraits,
    Et te punir de ta foibleffe !

ZULIMAN.

Quoi ! ne crains-tu pas que la mort
Soit le prix de ton infolence ?

ROXANE.

Je n'ai pu remplir ma vengeance ;
Ce regret feul, fans toi, peut terminer mon fort.
(*à* ZAÏDE.)
    Mais toi, rivale trop cruëlle,

Prends ce fer, infidele à mon juste couroux ;
Portes-en à mon cœur une atteinte mortelle ;
Tu m'as déjà porté de plus sensibles coups.

ZULIMAN.

Qu'on l'ôte de mes yeux, & qu'on s'assûre d'elle.

SCÈNE IV.
ZULIMAN, ZAÏDE,
& les Acteurs de la Scéne précédente

ZAÏDE.

Au nom de nos tendres ardeurs,
Oubliés sa jalouse rage ;
Ne vous vengés de ses fureurs,
Qu'en m'aimant davantage.

ZULIMAN.

Je suis épris de vos attraits
Autant qu'on le peut être ;
Mon feu ne sauroit croître,
Ni s'affoiblir jamais.

ZULIMAN & ZAÏDE.

Amour ! lance tes traits, épuise ton carquois ;
Brûle toûjours nos cœurs de ta flâme immortelle :
Que sur une chaîne si belle
L'inconstance n'ait point de droits.

ZULIMAN.

Que tout signale ici nos ardeurs mutuëlles,
Qu'on offre à nos regards les fêtes les plus belles.

LA TURQUIE

SCÈNE DERNIERE.

ZULIMAN, ZAÏDE, LES SULTANES, & les BOSTANGIS, ou JARDINIERS du Sérail.

(Ils forment plusieurs Jeux suivant leur caractere.)

LE CHEF DES BOSTANGIS, alternativement avec le CHŒUR.

Vivir, vivir, gran Sultana.
Unir, unir li cantara.
Mille volte exclamara,
Vivir, vivir, gran Sultana.
Bello como star un flor,
Durar quanto far arbor.
A l'eminegos su sciabola,
Como à frutas tempesta.
La Ruciada matutina
Far florir su jardina.
Favor celesta
Coprir su tabanta.   On danse.

LE CHEF DES BOSTANGIS, alternativement avec le CHŒUR.

Star contento,
Star potento,
Del mondo star l'amor ò lò spavento.

DEUXIEME ENTRÉE.

En regnar,
En amar
Far tributir
L'Occidento, l'Oriento.

En regnar,
En amar,

Sempre sentir
Plazer senfa tormento.

Di é far,
O disfar
Subito, subito.
Sù lo mento.
Star contento,
Star potento,
Del mondo ftar l'amor, ò lò fpavento.

SENS DES PAROLES FRANQUES.

Vive le Souverain qui nous donne des loix !
Chantons, chantons, répétons mille fois,
Vive le Souverain qui nous donne des loix !

Qu'il ignore à-jamais les peines,
Qu'il éprouve mille douceurs ;
Qu'il brille autant que les fleurs,
Qu'il dure autant que les chênes.

LA TURQUIE,

Qu'il réunisse la force & le courage
Que ses voisins jaloux
Craignent plus son couroux
Que nos fruits ne craignent l'orage.

Qu'au-devant de ses vœux les cœurs viennent s'offrir;
Que pour son bonheur tout conspire ;
Et que le Ciel fasse toûjours fleurir,
Et ses jardins & son empire.

FIN DE LA DEUXIEME ENTRÉE.

ZÉLINDOR,
ROI DES SILPHES.

TROISIEME ENTRÉE.

Le Poeme est de M. DE MONCRIF, Lecteur de la REINE, l'un des quarente de l'Académie-Françoise, Membre de l'Académie-Royale des Sciences & Belles-Lettres de Berlin, & de la Société Royale de Nanci.

La Musique de M. M. REBEL & FRANCŒUR, Surintendants de la Musique du ROI, & Directeurs de l'Académie-Royale de Musique.

ACTEURS.

ZÉLINDOR, *Roi des Silphes*, Mr. Legros.
ZIRPHÉ, *mortelle, aimée de* ZÉLINDOR, Mlle. Arnould.
ZULIM, *Silphe, confident de* ZÉLINDOR, Mr. Durand.
CHŒUR DE NIMPHES.
UNE NIMPHE, Mlle. Dubrieulle.
CHŒUR DE GÉNIES ÉLÉMENTAIRES.
SILPHES, GNOMES, ONDINS, SALAMANDRES.
UNE SILPHIDE, Mlle. Dubrieulle.

PERSONNAGES DANSANTS.

PREMIER DIVERTISSEMENT.
NIMPHES.

Mlle. GUIMARD.

Mlles. Demiré, St. Martin, Gaudot, Adélaïde, La Croix, Dauvilliers, Villette, Mercier, Larie, David, l.

SECOND DIVERTISSEMENT.
GÉNIES ÉLÉMENTAIRES.
SILPHES ET SILPHIDES.

Mlle. PESLIN.

M. MALTER, M^{le}. DUPERREL.

Mlles. Cornu, Vernier, Leroi, Darci, Chaſſaigne, Sidonie.

GNOMES.

M. GARDEL.

Mrs Henri, Lieſſe, Lani, 2, Lani, 3, Gardel, c., Langlois.

NIMPHES DES EAUX.

Mlles. Demiré, St Martin, Gaudot, Adélaïde, Lacroix, Dauvilliers.

SALAMANDRES.

M. LAVAL.

M^{rs}. Trupti, Dubois, Riviere, Lani, 1, Grenier, Aubri.

ZÉLINDOR,
ROI DES SILPHES.

Le Théâtre représente une Campagne ornée d'arbres, de gâsons, de fleurs & semée, en quelques endroits, de rochers : On voit descendre deux Silphes, portés sur des nuages d'asur & de lumiere ; l'un des Silphes tient un sceptre.

SCÈNE PREMIERE.
ZÉLINDOR, ZULIM.
ZULIM.

UN souverain Génie adore une mortelle !
Quoi ! vous, Silphe enchanteur, qui régnés dans les
    airs,
Vous n'êtes point flaté d'avoir donné des fers
    A la Silphide la plus belle?

ZÉLINDOR.

Hé ! comment ne pas m'enflâmer
Pour l'aimable objet qui m'enchante ?

Une Silphide fait aimer,
Mais une mortelle est charmante.

Hé ! comment ne pas m'enflâmer
Pour l'aimable objet qui m'enchante ?

Oui, la jeune Zirphé m'a fixé dans ces lieux :
Par mille enchantemens, mon art ingénieux
Prévient ses vœux, l'étonne & l'amuse sans-cèsse :
  Cent fois, pendant les nuits,
  Les songes, que j'instruis,
Lui peignent mon image, annoncent ma tendresse.
  J'ai soin qu'à sa félicité
  Tout conspire dans la nature ;
Cherche-t-elle ses traits au sein d'une onde pure ?
Elle y voit les Amours couronner sa beauté.

  Ce matin encore
Portant sur ce gâson ses regards enchanteurs,
Elle lisoit ces ces mots, formés par mille fleurs :

Zirphé, qui vous voit vous adore.

TROISIEME ENTRÉE.

ZULIM.

On fait que vous aimés ;
Annoncés vous-même
Les vœux que vous formés :
On fait que vous aimés ;
Croyés qu'on vous aime.

ZÉLINDOR.

Laiffe-moi m'armer conftamment
Contre une flateufe chimere ;
On ne croit que trop aifément
Pofféder le talent de plaire.

ZULIM.

Eft-ce à vous de craindre en aimant ?

Hé ! que faut-il encore
Pour être heureux amant ?

Vous êtes Roi, jeune & charmant ;
Et vous doutés qu'on vous adore !
Vous êtes Roi, jeune & charmant ;

Hé ! que faut-il encore
Pour être heureux amant ?

ZÉLINDOR,

ZÉLINDOR,

Connois le cœur d'une mortelle:
Toûjours sensible, & rarement fidele,
A de nouveaux plaisirs il se laisse emporter.

Comme un zéphir, qui caresse
Une fleur, sans s'arrêter,
Une volage maîtresse,
S'empresse de nous quitter,
Comme un zéphir, qui caresse
Une fleur, sans s'arrêter.

Dans le cœur de Zirphé, par un art infaillible,
Je vais découvrir en ce jour
Si c'est l'orgueil de plaire, ou le plus tendre amour
Qui la fait paroître sensible.

Mais elle porte ici ses pas;
Contemplons ses beaux yeux, qui ne me verront pas:
Ce sceptre, que je tiens, va me rendre invisible.

(ZÉLINDOR *touche* ZULIM *de son sceptre;* ZULIM *devient invisible pour* ZIRPHÉ, *& reste sur la scêne, avec* ZÉLINDOR.)

SCÊNE

SCÈNE II.

ZIRPHÉ, ZÉLINDOR, *sans être apperçu de* ZIRPHÉ, *& s'occupant toûjours d'elle.*

ZIRPHÉ.

Pourquoi me refuser le plaisir de vous voir ?
Cher Enchanteur, volés, remplissés mon espoir !

Dieux ! à mon trouble extrême
Puis-je m'accoûtumer ?
Quoi ! j'aime autant qu'on peut aimer,
Et je n'ai point vu ce que j'aime.

Pourquoi me refuser le plaisir de vous voir ?
Cher Enchanteur, volés, remplissés mon espoir !

Si j'en crois mon impatience,
Si j'en crois de mon cœur l'heureux pressentiment,
Votre plus doux enchantement
Doit naître de votre présence.

Pourquoi me refuser le plaisir de vous voir ?
Cher Enchanteur, volés, remplissés mon espoir !

Un songe, cette nuit, me traçoit votre image :
Vous paroissiés charmant : vous traversiés les airs,
  J'entendois d'aimables concerts
  Éclater à votre pâssage :
Des arbres, des rochers, en nimphes transformés,
  Par des jeux me rendoient hommage :
Ah ! si de ces objèts mes sens étoient charmés,
Croyés....

 ZÉLINDOR, *sans être vu de* ZIRPHÉ.

  Belle Zirphé, que ce qui peut vous plaire,
  Pour vous jamais ne soit un bien trompeur ;
   Qu'une chimere
   Qui vous est chere,
 Au même instant, cèsse d'être une erreur.

  Songes, qui flatiés ce que j'aime,
  Devenés une vérité.

(*Les arbres & les rochers sont changés successivement en nimphes, qui avancent en dansant du côté où est* ZIRPHÉ.)

TROISIEME ENTRÉE.

SCÈNE III.
ZIRPHÉ, ZÉLINDOR, NIMPHES.

ZIRPHÉ.

Que vois-je ? Non, malgré votre pouvoir suprême,
Si vous ne vous offrés vous-même,
Non, vous ne faites rien pour ma félicité.

(*On danse.*)

CHŒUR DE NIMPHES, à ZIRPHÉ.

Il faut que tout seconde,
Ou prévienne vos vœux :
Le plus aimable objet du monde
Doit être encor le plus heureux.

(*On danse.*)

UNE NIMPHE.

Sur vos pas, par quel charme admirable
Les plaisirs viennent se rassembler ?
Près de vous, tout devient aimable,
Tout s'empresse à vous ressembler.

ZÉLINDOR,

Régnés au gré de votre envie ;
Voyés triompher vos defirs :
N'ayés d'autres foins dans la vie,
Que d'imaginer des plaifirs.

Sur vos pas, par quel charme admirable
Les plaifirs viennent fe raffembler ?
Près de vous, tout devient aimable
Tout s'empreffe à vous reffembler.

(*On danfe.*)

ZIRPHÉ, *interrompant les danfes des* NIMPHES.

C'en eft affés.

(*Les* NIMPHES *fe retirent en danfant, & marquent, par des attitudes, leur regret de quitter* ZIRPHÉ.)

Ah ! paroiffés enfin,
Venés, cher Enchanteur... Je vous appelle en vain!...

Vous triomphés de l'amour qui m'enflâme ;
Charmer eft votre feul plaifir :
Non, vous n'aimés qu'à tourmenter une âme,
Et vous ne pouviés mieux choifir.

ZÉLINDOR, *toûjours invifible pour* ZIRPHÉ.

Ah ! jugés mieux d'un cœur qui vous adore,
Et n'accufés que vous, fi je me cache encore.

TROISIEME ENTRÉE.

Je regne dans les airs sur des peuples charmants :
Si vous êtes fenfible à l'ardeur qui m'infpire,
Vous pouvés, dès ce jour, partager mon empire;
Vous pouvés poffeder l'art des enchantements :
Mais, malgré ce bonheur que je vous fais connoître,
   Dès que vous pourrés favoir
A quel prix le deftin me permet de paroître;
  Aimable Zirphé, peut-être,
  Vous ne voudrés plus me voir ?
ZIRPHÉ.
  Quelle injuftice extrême !
 Le plaifir de voir ce qu'on aime
Récompenfe cent fois de ce qu'il doit coûter :
Déclarés ce fecret : qui peut vous arrêter ?
ZÉLINDOR, *toûjours invifible pour* ZIRPHÉ.
Hé bien, il faut céder à votre impatience.
 A vos regards, dès que je m'offrirai,
Si pour moi votre cœur eft dans l'indifférence,
Ordonnés mon éxil ; hélas ! j'obéirai :
Plus heureux, fi l'himen nous unit l'un à l'autre,
Mon fort fera charmant; mais apprenés le vôtre.
Vos yeux, ces yeux fi beaux, en redoublant mes fers,
Perdront fur tous les cœurs leur empire ordinaire;
  Je ferai dans tout l'univers
 Le feul amant à qui vous pourrés plaire.
Parlés. . . .

ZÉLINDOR,

ZIRPHÉ.

Oui, j'y confens, je le veux; paroiffés.

(*Elle apperçoit le Génie, qui a jetté fon fceptre, & qui tombe à fes genoux.*)

Ah! gardés-vous de jamais difparoître.

ZÉLINDOR, *aux genoux de* ZIRPHÉ.

Vous favés nos deftins, hâtés-vous, prononcés....

ZIRPHÉ.

Non, vous n'éxigés pas affés
Pour le prix du plaifir qu'on trouve à vous connoître!

ZÉLINDOR.

L'empire de mon cœur pourra vous contenter?

ZIRPHÉ.

Quand on charme l'amant qui fait nous enchanter,
A d'autres yeux que fert-il d'être belle?
Je n'aurai rien à regretter,
Si vous m'êtes toûjours fidele.

ZÉLINDOR.

Elle aime! Amour, je fens le plus heureux tranf-
port!

TROISIEME ENTRÉE.

Zirphé, fortés d'erreur, & connoiffés ma flâme:
C'étoit pour éprouver votre âme
Que je vous annonçois un vain arrêt du fort.

Oui, vous plairés toûjours, tout vous rendra les armes;
Mille cœurs vous feront offerts;
Hé! quel pouvoir dans l'univers,
Borneroit celui de vos charmes?

ENSEMBLE.

Ah! combien vous m'aimerés,
Si mon cœur vous fert de modele!
Qu'avec plaifir vous formerés
Les nœuds d'une chaîne éternelle!

ZÉLINDOR.

Embelliffés ce fortuné féjour
Peuples des Éléments, venés ici vous rendre;
Voyés unir, par les mains de l'Amour,
Le plus charmant objet & l'amant le plus tendre.

SCÈNE IV.

(Le Théâtre change, & représente le Palais du Roi des Silphes.)

ZIRPHÉ, ZÉLINDOR, ZULIM ; GÉNIES ÉLÉMENTAIRES,

SILPHES, GNOMES, ONDINS, SALAMANDRES.

(Les Génies élémentaires forment un divertissement.)

ZÉLINDOR.

Que dans les airs vos chants harmonïeux,
Que le feu, que la terre & l'onde,
Que tout rende hommage à des yeux
Le charme & la gloire du monde.

CHŒUR.

Que dans les airs nos chants harmonïeux,
Que le feu que la terre & l'onde,
Que tout rende hommage à des yeux
Le charme & la gloire du monde.

(On danse.)

TROISIEME ENTRÉE.
UNE SILPHIDE, à ZIRPHÉ.

Quel amant sous vos loix s'engage !
Que de fleurs vont former vos fers !
L'Enchanteur qui vous rend hommage
Vous éleve au trône des airs.
  Quels plaisirs vous sont offerts !
      Que votre empire
      Doit vous charmer
      On n'y respire
      Que pour aimer.

(On danse.)

CHŒUR DE SILPHIDES.

Vos destins changent leurs cours ;
Vous cessés d'être mortelle,
Pour n'avoir que de beaux jours,
Et pour être toûjours belle.

LA SILPHIDE.

Ah ! ah ! quel bien est plus doux ?
Ah ! qu'il est digne de vous ?
      Que votre empire
      Doit vous charmer !
      On n'y respire
      Que pour aimer.

ZÉLINDOR, TROISIEME ENTRÉE.

LE CHŒUR.

Ah! ah! quel bien est plus doux !
Ah! qu'il est digne de vous !

LA SILPHIDE.

Que votre empire
Doit vous charmer !

LE CHŒUR.

On n'y respire
Que pour aimer.

(Un divertissement général termine cet Acte.)

FIN.

APPROBATION.

J'Ai lu, par ordre de Monseigneur le Vice-Chancelier, une réimpression de deux Actes de l'*Europe Galante*, l'*Italie* & *la Turquie* ; Suivis de *Zélindor*, *Roi des Silphes* ; & je n'y ai rien trouvé qui n'ait été approuvé dans les éditions précédentes. A Versailles ce neuf Mai 1766,

DEMONCRIF.

www.ingramcontent.com/pod-product-compliance
Lightning Source LLC
LaVergne TN
LVHW022205080426
835511LV00008B/1579